MAPAS BÁSICOS

Todo sobre

LOS MAPAS FÍSICOS

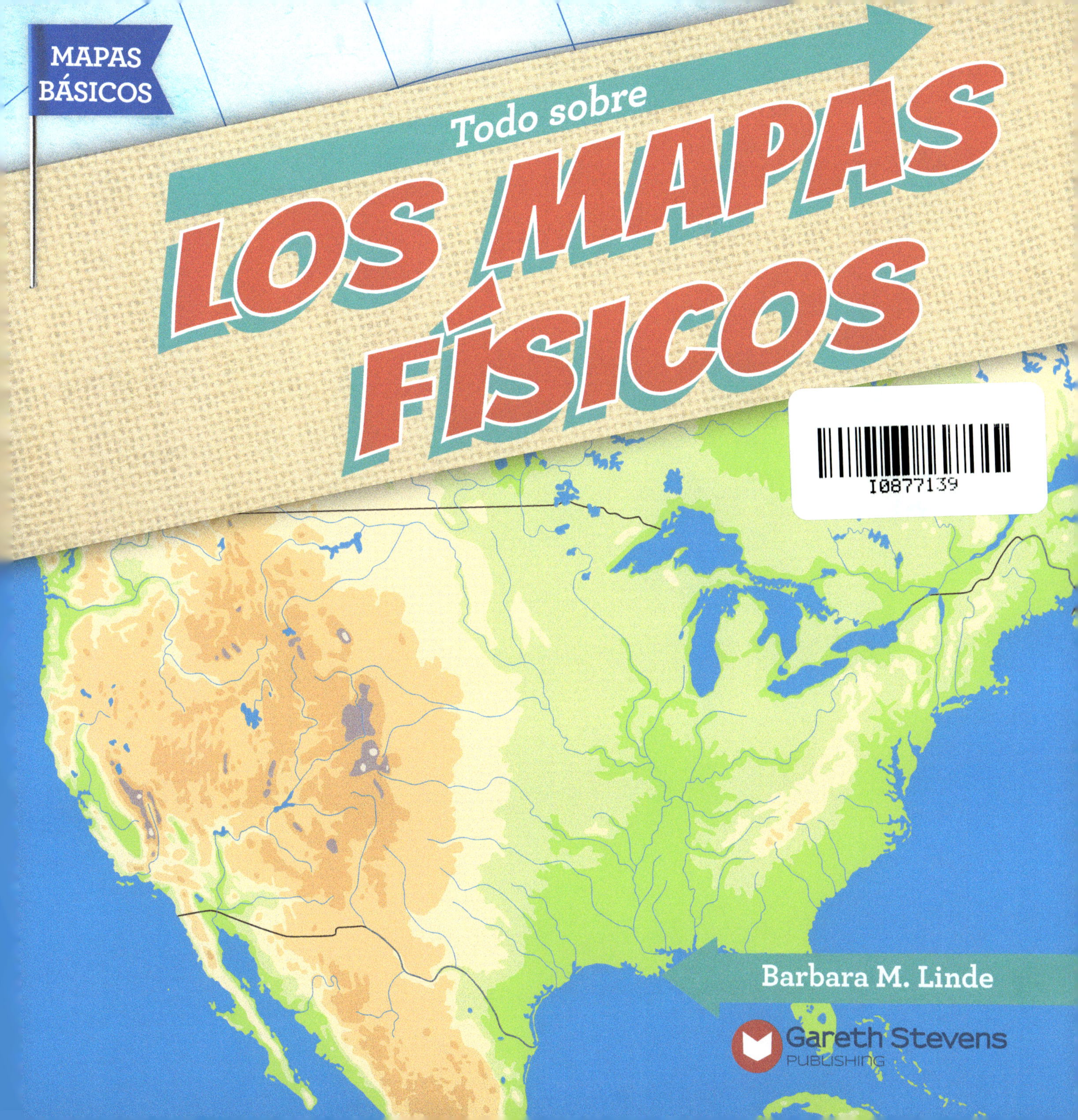

Barbara M. Linde

Gareth Stevens PUBLISHING

Please visit our website, www.garethstevens.com.
For a free color catalog of all our high-quality books, call toll free 1-800-542-2595 or fax 1-877-542-2596.

ISBN 9781538254028 (pbk.)
ISBN 9781538254035 (eBook)

Published in 2020 by
Gareth Stevens Publishing
111 East 14th Street, Suite 349
New York, NY 10003

Translator: Zab Translation Solutions
Designer: Sarah Liddell
Editor: Monika Davies

Photo credits: Cover, p. 1 Cartarium/Shutterstock.com; pp. 5, 9 Bardocz Peter/Shutterstock.com; p. 7 AridOcean/Shutterstock.com; p. 11 Planet Observer/UIG/Universal Images Group/Getty Images; p. 13 Volodymyr Nikulishyn/Shutterstock.com; p. 15 Schwabenblitz/Shutterstock.com; p. 17 Buyenlarge/Contributor/Archive Photos/Getty Images; p. 19 NASA/GSFC/Arizona State University/Cocu/Wikimedia Commons; p. 20 Sawitree Pamee/EyeEm/EyeEm/Getty Images.

Printed in the United States of America

CPSIA compliance information: Batch #CG19WL: For further information contact Gareth Stevens, New York, New York at 1-800-542-2595.

CONTENIDO

Las palabras del glosario se muestran en **negrita** la primera vez que aparecen en el texto.

¿QUÉ ES UN MAPA FÍSICO?

Supongamos que quieres hacer un viaje. Deseas estar en las montañas, cerca de un lago, y alejado de un desierto. ¿Cómo puedes encontrar el lugar perfecto? Una manera consiste en usar un mapa físico. Este tipo de mapa te ayuda a saber cómo es un área de tierra.

Los mapas físicos muestran las características naturales de la tierra, llamadas accidentes geográficos. Las montañas, las colinas, los bosques y los desiertos son todos accidentes geográficos. Los mapas físicos también muestran los cuerpos de agua, tales como océanos, ríos y lagos.

SOLO HECHOS

Los mapas físicos son mapas que incluyen relieves y accidentes geográficos.

MAPA FÍSICO DE ASIA

Este mapa físico muestra los accidentes geográficos de Asia, uno de los siete **continentes** del planeta.

¡LOS COLORES SON IMPORTANTES!

Los colores nos brindan indicios importantes sobre los accidentes geográficos en un mapa. El color azul normalmente se refiere al agua. Una línea azul, por ejemplo, con frecuencia representa un río. El color verde normalmente marca un lugar en el que crecen plantas o árboles.

El relieve, es decir, lo alto o bajo que es un lugar, puede mostrarse en tonos de marrón, que van desde suave para las partes bajas a oscuro para las altas. La **leyenda** de un mapa explica qué significan los distintos colores.

SOLO HECHOS

Los mapas físicos también pueden incluir fronteras **políticas** y ciudades capitales.

MAPA CON EL RELIEVE DE ALASKA

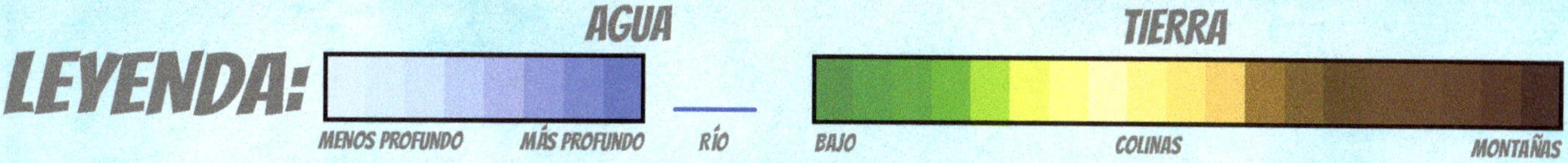

En este mapa de Alaska, las montañas más altas son color marrón oscuro, mientras que las áreas más bajas se muestran en verde oscuro.

LA ROSA DE LOS VIENTOS

En algún lugar del mapa, verás una rosa de los vientos. La rosa de los vientos te ayuda a saber cuáles son las direcciones cuando miras un mapa. Los puntos cardinales son el norte, el sur, el este y el oeste (también llamados oriente y occidente).

Este es un mapa de Norteamérica. Con el uso de la rosa de los vientos, puedes ver que las Montañas Rocosas van desde el oeste de Canadá hasta Nuevo México en Estados Unidos. Se observan cinco lagos de gran tamaño, conocidos como los Grandes Lagos, en el este de Norteamérica, a lo largo de la frontera entre Estados Unidos y Canadá.

SOLO HECHOS

La rosa de los vientos comenzó a dibujarse en los mapas aproximadamente en el siglo XIV.

El golfo de México, un gran cuerpo de agua que se conecta con el Océano Atlántico, está al sur de Estados Unidos y al este de México.

USO DE LA ESCALA

En la parte inferior de la mayoría de los mapas, verás algo que parece una regla pequeña. A esto se lo llama escala. Los mapas muestran áreas de tierra mucho más pequeñas que lo que son en la vida real. Una escala usa distancias más pequeñas para representar distancias más grandes. Por ejemplo, 1 pulgada (2.5 cm) en el mapa puede ser en realidad igual a 1 milla (1.6 km). La escala te dará más información sobre las distancias.

El Sendero de los Apalaches tiene aproximadamente 2 200 millas (3 541 km) de longitud. ¿Cuántas millas del sendero atraviesan Pensilvania?

SOLO HECHOS

En el Sendero de los Apalaches no se permiten autos ni otros **vehículos**. Es el sendero más largo del mundo exclusivo para excursiones a pie.

En el mapa aproximadamente 2 pulgadas (5 cm) del Sendero de los Apalaches atraviesan Pensilvania. Usando la escala puedes saber que esto equivale en realidad a un poco más de 200 millas (322 km).

MAPA DEL SENDERO DE LOS APALACHES

COMPARACIÓN DE LOS CONTINENTES

Este mapa físico muestra los siguientes continentes: Europa, Asia, África y Australia. Estas son cuatro de las siete grandes masas de tierra del planeta. Asia es el continente más grande, mientras que Australia es el más pequeño.

Puedes usar un mapa para comparar los accidentes geográficos de cada continente. Por ejemplo, este mapa físico muestra que África y partes de Asia tienen grandes desiertos. El desierto de Australia es más pequeño. Cada continente de este mapa tiene también praderas.

SOLO HECHOS

El Sahara en el norte de África es el desierto cálido más grande de la Tierra. ¡Tiene 3.5 millones de millas cuadradas (9 064 958 km cuadrados)!

ACCIDENTES GEOGRÁFICOS DE LA TIERRA

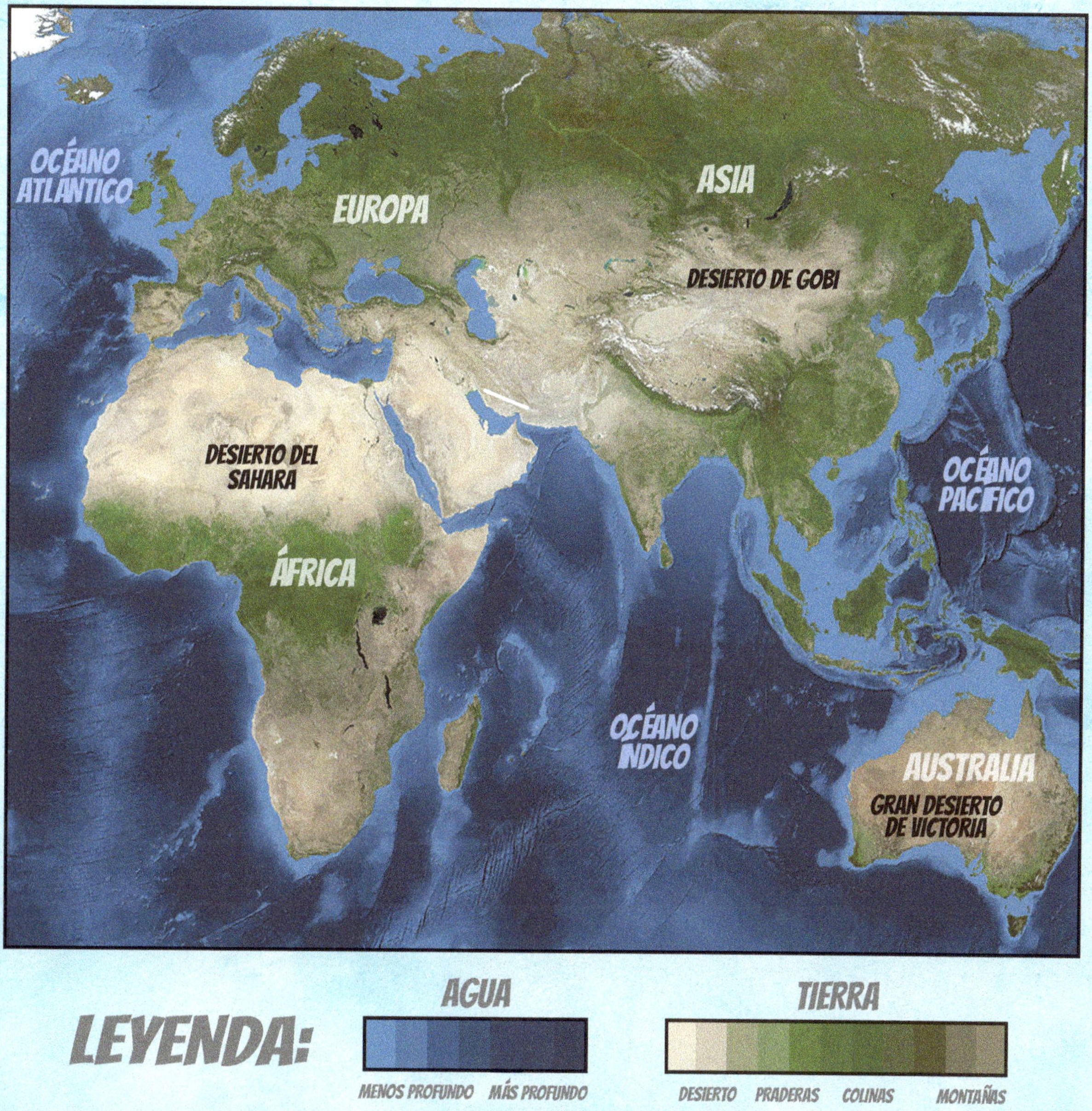

Sahara significa “desierto” en árabe.

UN MAPA PARA CADA PROPÓSITO

Algunas veces los mapas físicos resaltan, o destacan, una característica importante del terreno. Este mapa, por ejemplo, muestra el **acueducto** del río Colorado, que proporciona al sur de California más de la mitad de su suministro de agua.

El acueducto comienza a lo largo de la frontera de Arizona y California, en la represa Parker en el río Colorado. Luego fluye hacia el oeste. En el mapa, la línea de un azul más oscuro que representa el acueducto termina en la ciudad de Los Ángeles, en California, que está en una planicie.

SOLO HECHOS

El acueducto del río Colorado tiene una longitud de 242 millas (389.5 km).

Este mapa también muestra las líneas de **frontera** entre California, Arizona y Nevada, además de California y Baja California, que es parte de México.

ACUEDUCTO DEL RÍO COLORADO

EL SUELO OCEÁNICO

Si vas a la playa y entras al océano, puedes pensar que el suelo oceánico es completamente plano. Sin embargo, al igual que la superficie de la Tierra, el suelo oceánico tiene montañas, valles y otros accidentes geográficos.

Los científicos usan herramientas especiales para trazar mapas con las características del suelo oceánico, tales como la Dorsal Mesoatlántica y la **fosa** de las Marianas. ¡Con aproximadamente 10 000 millas (16 093 km) de longitud, la Dorsal Mesoatlántica es la cordillera más larga del mundo! La fosa de las Marianas es el punto más hondo del planeta, con una profundidad de más de 36 000 pies (10 973 metros).

SOLO HECHOS

La fosa de las Marianas tiene más de 1 580 millas (2 543 km) de longitud y aproximadamente 43 millas (69 km) de ancho.

En este mapa, el sombreado azul más oscuro muestra las cadenas montañosas del suelo oceánico. Las áreas con un azul más claro muestran partes del suelo oceánico que son planas o menos montañosas.

EL SUELO OCEÁNICO Y LA FOSA DE LAS MARIANAS

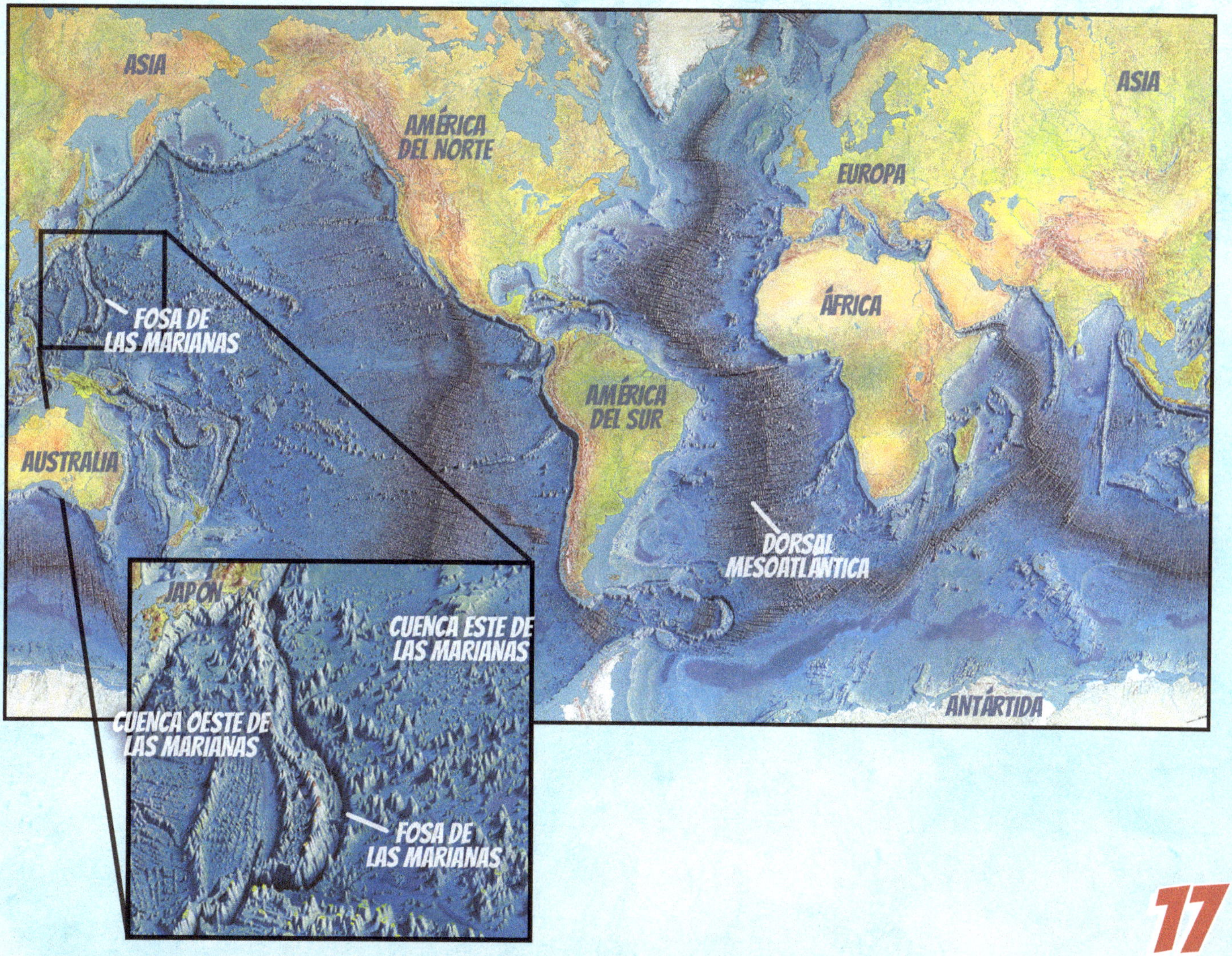

MAPAS DE FUERA DE ESTE PLANETA

¿Sabías que la NASA (Administración Nacional de la Aeronáutica y del Espacio) crea mapas de lunas y planetas del espacio? Las naves espaciales describen una órbita alrededor de una luna o planeta, mientras que herramientas especiales a bordo toman medidas e imágenes. Estos hechos y números se envían entonces a la Tierra, donde los científicos usan la información para diseñar mapas físicos.

Este es un mapa físico de la superficie de la Luna de la Tierra. Cada punto oscuro, llamado mare o mar, es una cuenca grande, o pendiente con forma de cuenco, en la superficie de la Luna.

SOLO HECHOS

En 1609, Thomas Harriot confeccionó el primer mapa de la Luna, observándola con un **telescopio**.

Los cráteres son agujeros grandes en la superficie de la Luna. Se forman cuando objetos del espacio **colisionan** con ella. Platón, Copérnico y Ptolomeo son cráteres.

LA SUPERFICIE DE LA LUNA

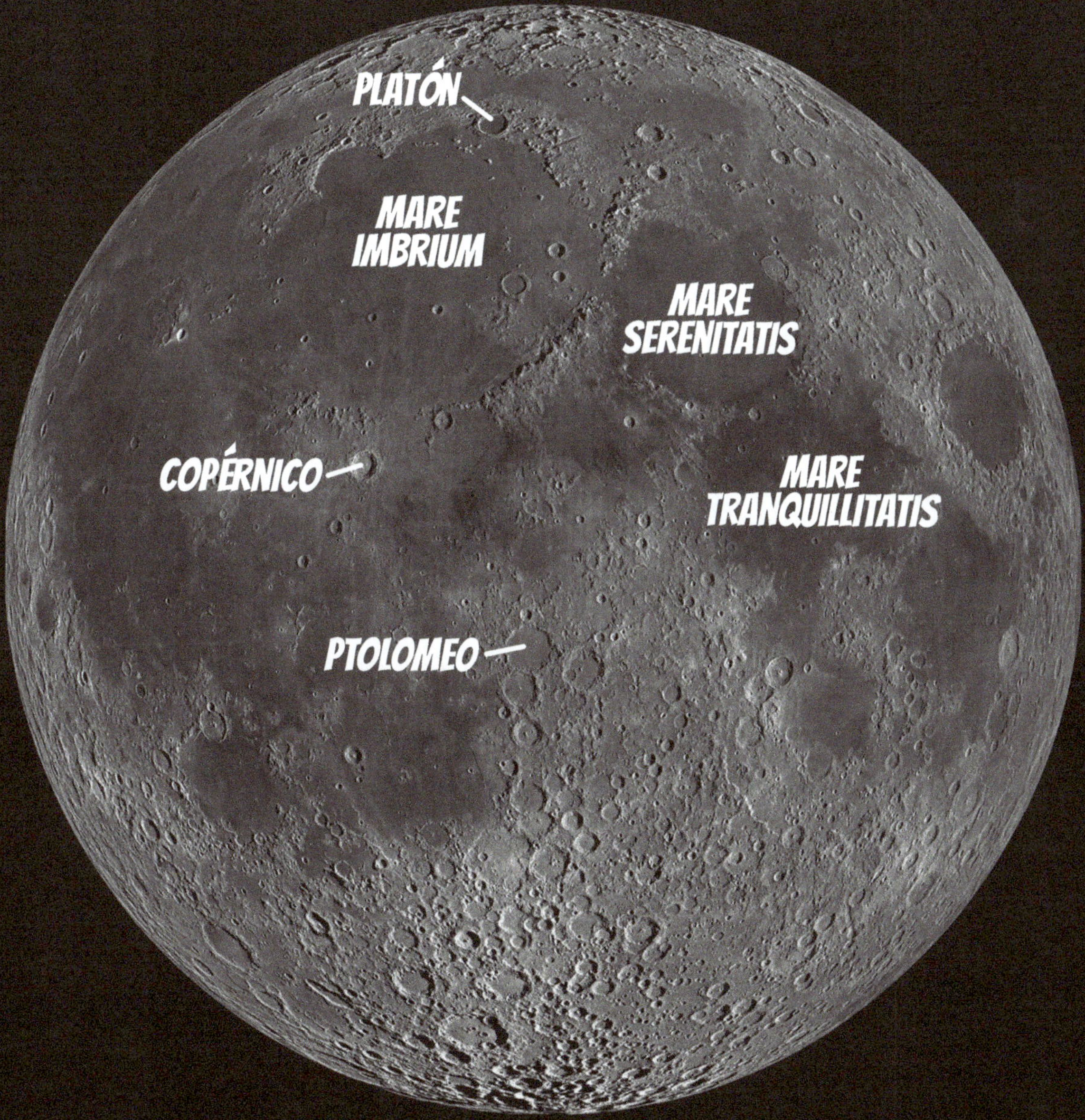

¡ENCUÉNTRALO EN EL MAPA!

¿Qué tipo de lugares te gusta visitar? ¿Te gusta viajar a lugares con muchas montañas? ¿O te gusta ir a lugares muy llanos? ¡O quizás te gusta ir a zonas cerca del agua!

Dibuja un mapa físico de un lugar imaginario que te gustaría visitar. Luego muéstrales el mapa a tus compañeros y pregúntales si pueden comprender el dibujo. Si no pueden hacerlo, cambia tu mapa de forma tal que sea más fácil de comprender.

¡CREA TU PROPIO MAPA FÍSICO!

1. TOMA UNA HOJA GRANDE Y ALGUNOS CRAYONES O LÁPICES DE COLORES.
2. INVENTA UN NOMBRE PARA EL LUGAR QUE TE GUSTARÍA VISITAR Y ESCRÍBELO EN LA PARTE SUPERIOR DE LA HOJA.
3. ¿ESTE LUGAR TIENE CUERPOS DE AGUA, MONTAÑAS O ÁREAS PLANAS? DIBUJA LOS DISTINTOS ACCIDENTES GEOGRÁFICOS EN TU HOJA.
4. PONLE UN NOMBRE A CADA ACCIDENTE GEOGRÁFICO. LUEGO COLOREA EL RELIEVE DEL SUELO.
5. AGREGA UNA LEYENDA QUE EXPLIQUE QUÉ SIGNIFICAN LOS DISTINTOS COLORES DE TU MAPA FÍSICO.
6. ¡NO OLVIDES INCLUIR UNA ROSA DE LOS VIENTOS A TU MAPA FÍSICO!

GLOSARIO

acueducto: un canal hecho por el hombre utilizado para llevar agua de un lugar a otro.

colisionar: golpearse dos objetos uno contra el otro.

continente: cada una de las siete grandes masas de tierra del planeta.

fosa: un canal largo, delgado y profundo en el suelo oceánico.

frontera: algo (como un río, cerca o una línea imaginaria) que muestra dónde finaliza un área y comienza otra.

leyenda: una lista o diagrama que explica los colores o imágenes utilizados en un mapa.

político: que tiene que ver con las actividades del gobierno y los funcionarios gubernamentales.

telescopio: una herramienta que hace que objetos muy alejados parezcan más grandes y más cercanos.

vehículo: un objeto utilizado para trasladar personas o mercancías como un automóvil, un camión o un avión.

PARA MÁS INFORMACIÓN

LIBROS

National Geographic Society. *National Geographic Kids United States Atlas*. Washington, DC: National Geographic, 2017.

Rand McNally. *World Atlas: Grades 1–3*. Skokie, IL: Rand McNally, 2018.

Rice, William B. *Landforms*. Huntington Beach, CA: Teacher Created Materials, 2015.

SITIOS DE INTERNET

Continents
www.dkfindout.com/uk/earth/continents
Descubre los siete continentes del mundo, y aprende qué montañas, ríos y desiertos están ubicados en cada continente.

Landforms
www.edu.pe.ca/southernkings/landforms.htm
Descubre más sobre las montañas, las colinas, los glaciares y otros accidentes geográficos que aparecen en un mapa físico.

MapMaker Interactive
mapmaker.nationalgeographic.org
Explora el mundo con el programa de mapas interactivos de National Geographic.

ÍNDICE